シャムロックをさがして

はじめに

その昔、後にアイルランドと呼ばれる大西洋の島に、セント・パトリックという聖人がたどり着いた。彼はカトリックを布教するため、子どもの頃に奴隷として働かされたこの島を再び訪れ、人々にカトリックの教えを説いたという。セント・パトリックが人々にカトリックの教えを説いた際、手に持っていたものが「シャムロック」だった。シャムロック、クローバーやカタバミなど、三つ葉の植物の総称で、アイルランドに多く自生していた。セント・パトリックは言った。「父と子と精霊が三位一体となっている。シャムロックのようにね」と。

そんなおとぎ話のような歴史を持つ国に、いつの頃からか興味を持つようになりました。大学を1年休学し、スペインやフランスを旅した後、語学の研修のためにアイルランドの学校に4カ月通い、その後さらに3カ月かけてヨーロッパを旅しました。21歳の学生、蔵田（結婚の約10年前当時、旧姓の蔵田でやっていました）が見たことや感じたこと、驚いたことが記されているのは、当時書き綴っていた日記です。

あれから約20年が経ったいま、幸運な出会いが重なり、それらをまとめて本にする機会を得ました。あらためて文字にすることで、当時の自分と会話をしているような気持ちになりました。

計画性がなく行き当たりばったりで、人に助けられてばかりの旅でした。文化も歴史も異なる地で、予想もしなかったことに数多く出会い、考え、悩んだあの時間は、やわらかな刻印のように心に残っています。その刻印たちをなぞっていくことで文章が紡がれました。

迷ったりふらふらしたり、こんな学生もいたんだな、と気軽に読んでいただけたら幸いです。

目次——シャムロックをさがして

1　司馬先輩が訪ねた場所だから

気付けば引っ越しも10回を超えた。その都度手放さざるを得ない様々な思い出たち。特に本は、泣きながらビニールひもでくくり付ける。リサイクルショップで二束三文の価値づけをされるのも腹立たしいので、ごめんねありがとうと言いながらお別れをする。

その引っ越しという試練を何度も乗り越えてきた本たちは、わずかながら本棚の端にあるベテラン席に座している。ごく稀に開くそれらは、映写機のように当時の風景を浮かび上がらせる。

そのうちの1冊が司馬遼太郎『街道をゆく30　愛蘭土紀行Ⅰ』だ。

司馬遼太郎先生は大阪外国語大学のモンゴル語専攻の卒業生。専攻語こそ違えど同窓なのである。従って、厚かましくも司馬先輩と呼ばせていただきたい。「街道をゆく」シリーズは、まるで司馬先輩の助手になって隣を歩いている気持ちにさせてくれる。作中に登場するジョン・ライリー氏との会話が聞こえてくるようでもあり、司馬先輩が見上げた空の色が目に浮かぶようだ。

「街道をゆく」を通して、大学に入ったばかりの1998年に出会い、それまで国名と首都をようやく知っていた程度のアイルランドのことが急に気になり始めた。W・B・イェイツ、ジェイムズ・ジョイス、ジョナサン・スウィフト、そして、ラフカディオ・ハーン(小泉八雲)。この文学者たちを生み出したかの国はどんな空気をまとっているのだろう。エメラルドの島と呼ばれる景色に出会いたい。愛蘭土という美しい当て字も、訪ねてみたい気持ちを募らせた。

司馬先輩によると、アイルランドには今も一定数の妖精が棲み暮らしているらしい。非科学的なことは信じない蔵田だが、イェイツの書籍をはじめとしていくつかの文献を読むと、どうやら人ならざる何かはそこに居ると思えてきた。

日本にも多くの妖怪が居た。いや今も生き続けているのかもしれない。大陸の果てにある島国同士、八百万の神様や、自由気ままな妖精たちがそれぞれひっそりと暮らしていたとしてもおかしくない。エメラルドの島へ、かつて黄金の国と呼ばれた島国から訪ねて行くのもおもしろいじゃないか。

加えて、大学生だった蔵田は民族紛争に関心があった。近隣こそ揉めるのは、ご近所付き合いでも同じことだけれど、そこに民族、宗教、歴史が絡むと複雑で解決の糸口を探すのが難しくなっていく。そもそもなぜ揉めているのか、なぜ殺し合わなければならないのか。そこまでする主義主張とは一体何なのか。SNSもまだ行き渡らない2000年の頃、文献や新聞、電話回線で接続するスローなインターネット経由では読み取れない、現地の生の声を聞きたかった。

無数にある紛争。その中で、理解できなかったもののひとつが「北アイルランド紛争」だった。同じ英語圏、宗教はキリスト教カトリックとプロテスタント、民族はアングロサクソンやケルト、見た目は似ている気がする。一体何がどうなったら独立運動が必要になるのか。なぜビルやバーを爆破する組織が必要なのか。テロとは、テロリストとは何なのか。

極東の島国で思いを巡らせてもらちが明かない。行けば分かるさアイルランド。

さてどの街に行くのかと考えた。

敢えて誰も行ったことがない街を目指したい。

「それってどこにあるの？　行ったことないな」から始まる物語を話したい。

レインボーと名の付いた学食で、地図とにらめっこして大西洋と小さな島国の海岸線をなぞると、ゴールウェイという街が目に留まる。少し調べると、音楽フェスとオイスターフェスティバルが盛大に開催されている所らしい。「人口の数倍の観光客が訪れる」と書いてある。そんなことある？

出発前から既に楽しい。

音楽と牡蠣、大好物が揃っているこの街で決まり。

2　吟遊詩人のような旅に憧れて

旅をするなら絶対に電車。

「深夜特急」を見たので、旅といえば電車のボックス席で窓際に座り、窓枠に肩肘をついて外を眺めていなければならない。流れていく夜のとばりをぼんやりと見やる大沢たかおさん。あんな風に旅をしなければならない、俺は。

ヨーロッパに行くならお得なユーレイルパスで、インターシティや寝台列車、TGVにも乗りたい。ライアンエアーなどのLCCが台頭してきているけれど、飛行機でポン、と目的地に入るのは邪道だ。流れゆく景色と街の人々の日々の営みを眺めながら揺られるのだ。

旅慣れてもいないくせに、なぞりたいフォーマットだけは確立されていた不思議。さらには、黄色い表紙の『地球の歩き方』を持って行くのは旅の素人、ガイドブックは現地で調達するのが格好いいと思っていた。なんせ荷物は少ないほうが格好いい。

これからスペインに留学する同期と一緒に関西国際空港からシンガポールエアラインに乗り、前の座席の人のヘッドレストの後ろに付いている液晶とにらめっこ、スーパーマリオブラザーズを何度かクリアした頃にマドリッドに到着。

グラナダのアルハンブラ宮殿で迷子になり、夜に洞窟でフラメンコを見た後、地中海のアルムニエルカルへ向かった。同期のAは、地中海の荒波で眼鏡を洗い、眼鏡のフレームをぽっきりと折った。史跡やレストランよりも眼鏡屋を探し回るはめになり、スペインを旅していた間の会話のほとんどは眼鏡の話だった。いざ探そうとすると眼鏡屋はなかなか姿を現してくれず往生した。

とはいえスペイン語を専攻していた同期Aが旅先のコミュニケーションを担当してくれたおかげで、レストランでもチケット売り場でも、言葉に関してはストレスなく過ごすことができた。

朝食のカフェでも、さらりとエスプレッソ、オレンジジュース、パンコントマテを注文してくれた。パンコントマテ、「パンとトマト」というただそれだけの意味。バケットにトマトペーストが塗られてオリーブオイルがかけられたシンプルなもの。これが美味《うま》かった。

折れた眼鏡の同期Aとの1週間のスペイン旅行の後、ひとりアイルランドに向かう蔵田が手にしていたのは、グラナダのツーリストインフォメーションで配られていたヨーロッパ地図だけ。無料でペラペラのヨーロッパ地図で電車旅行をするのは無謀だと、後になって気付くことになる。

スペインからフランスを経由して電車と船でアイルランドに向かう。途中、自分の今居る場所が分からないという状況に何度となく陥る。「こんな吟遊詩人みたいな旅がしたかった」と強がってみたものの、異国の地で、聞いたこともなく読めもしない地名の街をいくつも通り過ぎるのは落ち着かない。

3　西フランスの車窓から

スペインからフランスに至る電車旅。頭の中には「世界の車窓から」のテーマソングがゆったりと流れている。

「今日は、サンセバスチャンからフランスのレンヌに向かいます」

という石丸謙二郎さんの声が聞こえてきそう。

フランス語を勉強していなかったので、駅名、地名、サインが読めない。大きな街で降りれば宿もあるし、次の街へも行けるさ。

Bordeauxという名前が大きく地図に書かれていたので、この駅で電車を降りることにする。

特に用事のない街だ。乗り換えターミナル駅。

駅員さんに「もっと北に行きたいのだけど、どの電車に乗ったらいい？」と英語で聞くと、無言と怪訝な表情を返される。あっちだ、と指さされたほうへ行くと待っているのはTGV（テージェーベー）という高速列車だった。いや急行くらいでいいのだが、と再び駅員さんに話しかけると、やれやれとでも言いたげな顔で「夜の6時か8時に電車が出る」と案内される。この忙しい人をこれ以上煩わせてはいけないと思い、プラットフォームから外へ出てみることにする。

駅の中も外も、人がせわしなく歩いている。車もずいぶんだ。

ボルデアークスは大きな街なんだな、と思っていたところに、ワインのポスターが何枚も貼られているツーリストインフォメーションの壁に遭遇。ああ、Bordeauxは「ボルドー」と読むのかと気が付いてひとり恥ずかしい。

ふと時計を見れば16時を回っていたので、電車旅は明日にしてホテルを探しに歩き出す。

さっきもらったボルドーのシティマップを手にスーツケースをゴロゴロ転がしながら1

軒目のゲストハウスへ。「コンプレット（満室）」のサインが出ている。また少し歩いて2件目のゲストハウスへ。また満室。あれ？　と思って3軒目。ここも満室。その調子で4〜6軒目のホテルも満室。日も暮れてくる、時間は19時に近い。これは野宿しなければならないのか？　と思って見つけた三つ星ホテルの看板。

出費は抑えたいが、知らない土地での野宿は勘弁してほしい。やむなく1泊420フランの宿泊を決めた。当時1フラン約20円。8000円程度でシングルの部屋に泊まれたのはお手頃だったのかもしれない。

ホテルに宿泊したことでなんとなくリッチな気分になり、夕食はホテルの傍にあるLe Regentというバーへ。ハイネケンを飲み、店員さんに「サンドイッチ？」と尋ねられてイエスと答える。しばらくすると、2枚のフレンチトーストが分厚いハムを挟んで登場してきた。さらに上からたっぷりのチーズがとろけて流れ落ちている。脳内では勝利のファンファーレが鳴る。これはサンドイッチの王様だと確信する。

つい赤ワインを追加し、さらに感謝の気持ちを込めてアップルパイとカフェオレをいただいて、ボルドーの夜を堪能。部屋に帰り、満足した胃袋と共に豊かな気持ちでふかふかのベッドにダイブした。

　こんな旅ならずっと続けてもいい。留学よりも旅をした方が学びがあるんじゃなかろうか。

4　スニッカーズはいつも仲間だ

チケットオフィスのおばさまが、「学割」を分かってくれず手こずったボルドー駅。隣でチケットを買っていた紳士が助けてくれなかったら、普通料金のチケットを買うところだった。見ず知らずの若者を助けてくれた紳士に敬礼。

ボルドーから次の目的地レンヌまでは6時間。200フラン（約1万2000円）は痛い出費だが相応の値段だろう。プラットフォームに居た小学生の団体が同じ車両に乗って来て、フランス語のシャワーを浴びた。元気な子どもたちだ。舌を出しながら寄り目をして顔を近づけてくる少年、首に巻いているスカーフを左手で引っ張り、首吊りの演技をする少年。ちょっかいを出しているのだろう、ばかばかしいしぐさが日本の子どものそれと共通していておかしい。それにしても君たちはなんでそんなに楽しそうなのかい？

4時間ほど電車に揺られて降りたナント。世界史のフランス革命のあたりで出てきた覚えのある街だけど、今回は乗り換えのみ。

気付けば朝ごはんを抜いている。とにかくお腹が空いていたので、ホームで見つけたお菓子の自動販売機に駆け寄る。なんと、スニッカーズを発見する。ポケットを探り、コインを自販機に入れてボタンを押す。自販機の中のアームが伸びて6番のスニッカーズを掴む、そして離す。落ちてくるまでの時間の長さたるや。

開封したカカオ色のバーの美味いこと。そして甘いこと。チョコレートとピーナッツクリームという罪悪感の塊が、こんなに心強く幸せをくれるとは思わなかった。

空腹感が和らぐと急に周りが見えてくるもので、駅のサインや他の乗客の様子が気になってくる。爽やかな空色の上着を羽織った女性、えんじ色のベレー帽の幼児、使い込まれた重そうな革のスーツケースの紳士。ボックス席に足を投げ出しているバックパッカーが口にくわえているのは、間違いなく1本の麦わらだ。どうしてそんなものをくわえることになったのだろうか。

いくつかのトンネルを抜けた。トンネルの中ではなぜか消灯され、車内は真っ暗に。この暗闇でスリにでも遭ったら大変だと身構える。トンネルを抜けた瞬間、そんな緊張をしているのは自分だけだったと気づく。恥ずかしいのでさっき買った予備のスニッカーズをほおばる。恥ずかしさと不安と緊張が溶けていく。

レンヌに着いて、まずは宿探し。駅のツーリストインフォメーションで情報を得てゲストハウスへ向かう。

なんと運良く空きがあって一安心。気分が良くなり夕暮れ時のピッツェリアへ行ってサラダとパスタ、そして白ワインをいただく。Saumur Champigny とラベルにある。無論銘柄など分からないが、美味しいのでほくほくして飲んでいると、隣のフランス人カップルが話しかけてくれた。英語だった。フランス人は英語を話せるとしても、意地でもフランス語しか話さないと聞いたことがあったけれど。若い人はそこまでこだわっていないのかな。

彼らはいくつかの場所をお勧めしてくれ、「特にサン＝マロという街が素晴らしくて私たちもよく行くんだよ」と教えてくれた。そんな風に優しく案内されるとついこの街に長居したくなるじゃないか。いろいろ教えてくれてありがとう、メルシー、とせめてお礼くらいはフランス語で言ってみる。自己紹介できるくらいのフランス語を覚えてくればよかった。

ホテルに戻り、「サン＝マロに行きたいから1泊の予定をもう1泊増やして2泊にしたい」と申し出てみた。するとホテルのスタッフから、「明日以降は部屋が空いていないの、ごめんね」と返されてしまった。残念。泊まれないと分かるとなおのこと残念な気持ち。

ポケットの中にスニッカーズを探したけれど、空の包み紙がくしゃりと音を立てただけだった。

5　ノルマンディーの石畳

旅の目的地がアイルランドだということを思い出して、海を渡るためにシェルブールという港町に向かう。

フランス・ノルマンディー地方、人口8万人ほどの街に着いてほっとひと息。第2次世界大戦の激戦地の面影は遠い過去の様子。駅を降り、ツーリストインフォメーションで地図を手に取る。さてまずはホテルだよねと、地図が示すホテルの場所へ向かう。

向かった先で出会うのはまたしてもComplet（満室）の札。AirbnbもExpediaも、スマートフォンもない。ガイドブックも持っていない。両親にもらった丈夫な両足に感謝しつつ、地図のホテルに×を付けて回る巡礼を開始する。スーツケースの持ち手はしっかりと掌に喰い込み、石畳は無表情に車輪をはじく。

10軒ほどの巡礼でうんざりしてしまう。そうだ！　と勇気を出して、フロントのお兄さんに「ロビーでいいから泊めて」と頼む。

シンプルに"No."と返されるのも修行のうちか。飛び込みの貧乏学生をロビーに泊める宿などないのだ。野宿、という言葉が浮かんで涙が溢れそうになる。

「フェリー乗り場のすぐそばのホテルなら空いてるんじゃない？」とフロントのお兄さんが教えてくれて、「フランス人は薄情な奴ばかりだ」と恨んだ1分前の自分を恥じる。

日が沈み、山裾から立ち上がる明かりに照らされた空を見上げて、次の石畳を踏み始める。

遠くからでもはっきり見えるMercure（メルキュール）の看板。明るく照らされた美しい看板を見上げ、財布をぐっと握りしめる。人生初の野宿はノルマンディーでした、というエピソードも捨てがたいが……捨てておこう。安全第一。

気付けばMercureホテルの回転ドアの前にいる。どのタイミングで入るべきか。小学校の長縄に入る時よりもずっとタイミングが難しい。

最安のお部屋も５００フラン（1万円）を超えている。旅の前半戦で高額出費は痛いが、プランBは野宿である。

部屋に案内してくれた女性のスタッフが、去り際に投げてくれた笑顔とウインク。フランスには天使が実在する、と確信した瞬間。

ふんわりしたベッド、温かいシャワー、強い水圧！　この街は最高だと思った。

食事は質素に、と思いつつ入ったホテル1階のレストラン。窓際の席に誘われる。

すっかり夜が舞い降りた波止場には、オレンジ色の街灯が並び、港はさて眠りにつこうかというヨットたちを休めていた。ふと横に現れた白シャツのウェイターの男性から、「前菜のツナサラダとメインの子羊、そしてこの赤ワインがとても合う」とフランス語なまりの英語で話しかけられる。とっさに口を出たのはイエス、のひとこと。

パリパリと音を立てるみずみずしいレタスとたっぷりのツナは食欲を倍増させ、焼き目が香ばしい子羊のヒレ肉はレアめのミディアムで口の中を肉汁で溢れさせた。デキャンタに入った赤ワインは豊かに香り、心を満たしてくれる。きっとこれは、至福というやつだ。

伝票を見るのが恐ろしくなった。

6　ロンドンで出会った世界大戦

レストランのモーニングビュッフェ。焼きたてのクロワッサン、オーダーしてから作ってくれるオムレツには刻んだタマネギ、パプリカと、たっぷりのチーズ。世界でいちばんの幸福感に包まれる。ここが旅の終着駅でもいいよ。

そうは言ってもシェルブールの港へ向かいアイルランド行きの船便を探す。アイルランド便は5日後。毎日クロワッサンならステイしてもいいな、などと思いながら時刻表に目をやると、イングランド行きの便が2時間後にあることに気付いてしまう。

そうだ、イングランド。霧のロンドン。中学校時代の愛読書New Horizonに載っていたマダム・タッソーとシャーロック・ホームズ。今日、イギリスに渡ろう。

かつてノルマンディー公ウィリアムが渡ったであろう海路をなぞる。見上げた液晶の案内板に大きくディスプレイされた航路と上陸地点を確認し、チケット売り場へ向かう。

海を渡って着いた場所はプールという港町。

手続きとして、フランスからイギリスへの入国には税関、入国審査がある。入国の目的、お金の有無を聞かれる。ここの人たちは仕事なのに態度がとても気安い。ガムを噛んで、壁にもたれて雑談をしている。ちゃんとしていない職員に違和感。それでもこの世界は回るのだな。

スペイン、フランスよりもずっと英語が通じる。公用語にする、というのはこういうことだ。コミュニケーションがとれる安心感の大きさを実感する。

ツーリストインフォメーションを探していると言うと、税関スタッフのお兄さんが駆け出してくれ、地図と街のガイドを持って帰ってくれる。こんな親切な人がいるのか。

入国審査で蔵田の後ろに並んでいたイギリス人老夫婦。いまイングランドに着いたばかりのアジア人の学生が駅に向かうと聞いて"With us"と声をかけてくれる。

いま、ウィズアスって言ったよな、一緒に来いよってことなのかな、と思っておばあちゃんと会話をする。

間もなくして、おじいちゃんが三菱のセダンを目の前に流して来てくれた。彼らは人さらいではなさそうだと判断して、遠慮なくスーツケースをトランクに入れ、体を車内に滑り込ませてもらう。

車内ではおじいちゃんによる、日本車がいかに素晴らしいか、をテーマとした講義が始まる。日本車は壊れない。窓だっていつまでもスムーズに開けられる。ワイパーも止まることがない、とのことだ。メーカーの方にお伝えしたいくらいに褒められる。

おばあちゃんから「ロンドンの宿は決まっているの？」と聞かれ、決めていないと答えると「あなたは勇敢ね！」と賞賛され、握手をして別れた。勇敢というより無計画だ。ただ、無計画だからこそあなたたちに出会えました、と言いたい。その言葉たちが英語ですらりと紡げないもどかしさ。

港町プールからロンドンへ２時間半の電車旅。

車窓というスクリーンの中で、緑に覆われた緩やかな丘が波を打っていく。森の名残のようなこぢんまりした林の層が流れ、時に緩やかに走る小川を見送る。モルタルの建物が次第に増え、鉄筋コンクリートの割合が増えた頃にロンドンに着いた。

3軒目のB&B（ベッドアンドブレックファースト）で空き部屋を見つける。「壁が剝がれているのでスペシャルディスカウント」とのことで、朝食付き2泊で60ポンド（約1万円）はお手頃。

ほくほくして部屋に入ると、剝がれているというより崩れている壁が登場して身動きが止まる。むき出しの配管から、時折汚水が流れ落ちる音が響く。あわせて崩れた壁のすき間から、ヒュウヒュウというBGMがかすかに噴き出している。音と一緒に何か別なものが這い出てきてもおかしくない。

ロンドンといえばベーカー街221Bへ。小学校の図書室に並んだシャーロック・ホームズシリーズを読破していたのでベーカー街は目をつむっても歩けそうだ。ビッグベン、ウエストミンスター寺院、マダム・タッソーろう人形館、ハイドパークを巡るのはバスツアーのよう。ロンドンタクシーと公衆電話ボックスに既視感があるのは、きっと教科書のせいだろう。

ふとツーリストインフォメーションのガイドを眺めると「キャビネット・ウォー・ルーム」という見慣れない言葉を発見する。「第2次世界大戦の記念館」だと書いてある。戦争博物館・記念館といえば、広島の平和記念資料館くらいしか行ったことはない。大戦中に英国首相だったチャーチルが使っていた執務室を資料館にしている場所だそうなので、これは見ておこうかと足を向ける。20分ほどロンドンの街並みを見ながら歩くと到着する。

さほど大きくもない記念館。

入ると、「連合国対枢軸国」という展示がされている。

ドイツ、イタリア、日本の3カ国が「敵」として表現されていることに気付いて、胸がざわつく。今、自分は敵サイドの国民としてこの展示の中にいる。

連合国側のトップ、英国のチャーチル、米国のルーズベルト、ソ連のスターリンの写真が並べられている部屋に入る。彼らの苦難、努力、そして功績が書かれた文章を白色蛍光灯が照らしている。

その向かいには、薄暗い部屋が不機嫌そうにドアを開け放っている。見なくていい、とでも言いたげな入り口。入ると、ドイツのヒトラー、イタリアのムッソリーニ、日本の昭和天皇の写真が並べられている。HirohitoとアルファベットでHirohitoと書いてある。そうなのか。日本人の多くはHirohitoとは呼ばない。そして、戦争の責任はほぼ軍部にあって、天皇に責任があるとは認識していないのではないか。「天皇は軍部の方針を追認しただけ」と思っている蔵田。

しかしここは、戦った相手側の陣地なのだ。正義と悪は逆転している。敵対した国から見ればその国のリーダーが責任者とみなされるのは当然か。そもそも正義って、誰にとっての正義なんだっけ？

誰の責任なのか？　みんなで決めたからみんなの責任などという曖昧さは、ここにはない。味方であれ敵であれ、その国のトップの肖像画を掲げることは自然なのだ、という気づきを衝撃とともに得た。

曾祖父が大日本帝国陸軍の大佐だった蔵田。戦後の農地改革で没落した地主の蔵田家。旧日本軍の戦いに対して、ある程度仕方なかった、大儀はあったはずだと擁護的にとらえていた太平洋戦争だったのだが。

頭では分かっても、どうも納得できそうにない。今まで信じていた価値観、物差しに対して、異国の心もとない旅の途中で「違う」と言われたようで心がざわつく。

観光もできた、新たな学びもあった。よしそろそろアイルランドに向かおう、と思った曇天のロンドン。

7　紡がれる音

ロンドンからアイルランドの首都ダブリンに向かうルートはいくつもあるが、波を切って海を渡る景色が見たい気持ちには抗えない。空港も飛行機も大好きだけど、あっけなく目的地に着いてしまう便利さが淋しい。地図を広げてロンドンの上に指を置く。すうっと左に動かして、リバプールに着く。もうちょっと左に行ってみて、半島の先端に着く。たんこぶの端っこに見つけたのがホーリーヘッド（Hollyhead）という地名。「聖なるアタマ」とはなかなか良い名前ではないかと思い、この港町から船出することに決定。

ロンドンはユーストン駅でチケットを手にして電車を待つ。ヨーロッパ電車旅も慣れたもの。なんといっても英語表示だとありがたい、などと思いながら、プラットホームでスーツケースの上に腰掛ける。

六月とはいえロンドンの朝は涼しい。（梅雨知らずの街か。いやむしろいつも雨なのか。）薄手のコートをまとったビジネスマンと、Tシャツ短パンのバックパッカーに交じって、せわしなく入ってきた急行電車に乗り込み西へ向かう。

駅名表示の看板の雰囲気が変わって、どうやらウェールズ地方に入ったと気付く。いくつかの駅名の看板にご挨拶した後、Llanfairpwllgwyngyllgogerychwyrndrobwllllantysiliogogogoch（ランヴァイル・プルグウィンギル・ゴゲリフウィルンドロブル・ランティシリオゴゴゴーッホ）駅に停車する。

意味の推理すら困難なウェールズ語。この駅名、世界で2番目に長いそう。随分コストがかかりそうな長さの看板に文字が刻んである。落書きする余白もしっかりあるので、やんちゃな奴らがスプレーを持って集まるかと思うとぞっとする。駅員さんたちのため息と、「やれやれ」というつぶやきが聞こえてきそうだ。

地名を、英語と現地語でダブル表記。かの地の民族・言葉・文化を尊重して行っている政策の一部と思われる。敬意の表れではあるが、支配の歴史を示すものにも見える。

日本で「イギリス」「英国」と呼ぶこの国の正式名称は「グレートブリテン及び北アイルランド連合王国」だ。

ウェールズ、スコットランドはイングランドに組み敷かれた歴史がある。

ユニオンジャックと呼ばれる国旗には連合王国の歩みが表現されていて、スコットランド国旗はイングランド国旗の下敷きにされている。ウェールズと北部アイルランドは、形跡すらない。支配して、配慮する。配慮するくらいなら支配しなければいいのに。矛盾を感じるが、その気持ちをうまく言語化できない。歴史からつながる今に対する理解の解像度を上げていかないといけない。

気付けば港町ホーリーヘッドに到着している。

他の乗客の背中を追って、ばたばたと車両から降りる。

フェリーのチケットもすんなり手に入れ、ダブリンへ！　と意気込んでタラップを上がる。いよいよアイルランドへ向かう。

フェリーは村ひとつ運べそうなくらいの客船で、カフェやバーだけでなくカジノもあった。

ビデオカメラを回しながら船内を見て回る蔵田。10歳くらいの、顔にそばかすをのせた少年たちが寄ってきて、赤い頬をカメラに近づけてくる。不思議なポーズを取る奴、速く走れる姿を見せようとする奴、側転して壁に足をぶつける奴がいる。こちらにお尻を向けて何か叫び挑発している様子の奴もいる。男子たる者どもの無邪気さは日本と変わらず、ばかばかしい行動が地球の裏側でも同じで笑える。

船内にはテーブルと椅子の並んだラウンジがあり、大人たちはおしゃべりしたり読書したり、思い思いに過ごしている。蔵田も大人チームに交ざり深く腰を沈める。到着まであと30分はある。

すると、どこからか音楽が聞こえてくる。少し遠いようだ。音のする方に吸い寄せられていくと、白いひげをたくわえた初老の男性がベンチに座ってフィドルを弾いている。なめらかに弦を摩擦させ、弾いては休み、休んでは弾く。特に頼まれて弾いている様子はなく、呼吸するようにふと音を紡ぎ始める。

目を見張る蔵田と対照的に、周りの人々は特に珍しがる様子もない。怪訝な顔もしない。空気のように漂う音楽。

イギリスやアイルランドの当たり前の中に身を置いて、自分だけ異世界から来た気持ちになる。

自分にしか見えていないのだろうか、と思い、おじいちゃんの足をじっと見て、存在を確かめる。「ブラボー」と静かに呟く。なんだか懐かしい気持ちになる音色たちだ。緩やかで、少し哀しい。

そうだ。アイルランドは文学と音楽の国だった。U2、エンヤ、コアーズ、クランベリーズ、ケルティック・ウーマン。

厳しい自然の中から音楽を生み、歌を生み出したアイルランドの人々。辛い歴史の中でも、ギネスを飲み、リバーダンスを踊ってきた。今でも妖精がいるというこのエメラルドの島の人々が持つたくましさや、優しさ、悲しみ、いろんなことを学びたい。

早くダブリンに着いてほしいけれど、身体を震わせる演奏はもう少し聞いていたい。ひとりふわふわと想いを巡らせつつも、この海に揺られている。

8　アイリッシュコーヒーの洗礼

白波をかき分けて進むフェリーの舳先にアイルランドの地が見えてきた。側転していた子どものおしゃべりを聞いている背中に「まもなく到着」のアナウンスが届く。ばたばたと身の回りのものをまとめて速足で船内の階段を降りると、人混みに飲み込まれて船から押し出された。

ダン・レアリー港の船着き場から差し出されたタラップの上を進む。タンタンと軽快な音を鳴らしたあと、ブリッジが途切れる。さあ、と港側のコンクリートを踏む。ついにアイルランドへの一歩を踏み出した、と感慨深い。空にはもちろん厚い曇が広がり、時々雨もぱらつく、まさにアイルランドらしいお天気。

六月とはいえ海からの風はひんやりとして鳥肌を誘う。鳥肌、英語ではgoose bumps、ガチョウのでこぼこ。日本語と英語の意味がほぼ一致する比喩を見つけるとワクワクする。ダン・レアリー港はグレーの石積みに囲まれていて、船着き場の客船の隣には貨物船が停泊している。ダブリン市街地へ向かうバス停があるはずだが、目の前にあるのは船の荷捌き場と思しきのっぺりとした広場。ようこそ、という雰囲気を感じられないままに人の流れに身を任せて足を進める。肌寒い。人々の流れの半分くらいが、広場を出たところにあるバーに吸い込まれていく。まずは冷えた体を温めたいということで流れに乗った。

賑わっている店内へ。暗いからかバーカウンターにいる人がぼんやりとしか見えない。何か話しかけられているけれど、今は視覚に集中しているから聞こえない。カウンター席をひとつ占領してナップサックとスーツケースを置き、席に座らせてもらう。いらっしゃいませなどと愛想はしないヒゲの中年おやじが、なんとなく口角を上げてカウンターの中からこちらを見ている。ほっとしてゆっくりメニューを見る。

思ったより体が冷えている。海風が強くてしっかり体温を奪っていくんだものなあ。

温まりたい、たっぷりのココアが飲みたい。あるのかな。

でも待って、「アイリッシュコーヒー」ってのがメニューにあるじゃないか。国の名前を冠した飲み物があるなんて知らなかった。アイルランド最初の1杯なのだから、このアイリッシュコーヒーなる飲み物こそふさわしい。まさかココアなんてさ。

エクスキューズミーとマスターを呼び、アイリッシュコーヒーをお願いする。ヒゲのマスターは親指を立ててウインクして舌をコッ！と鳴らした。お茶目だ。日本では見たことのないリアクションだ。まずオーダーを受けてサムアップはなかなかしない。さらに同時にウインクする動作のための脳内伝達のシナプスは発達していない、と思う。

そんなことを考えていたら目の前に大きなマグカップが差し出される。たっぷりのコーヒーがゆらゆらと湯気を上げている。立ちのぼる湯気にありがとうと言いたいくらい。いただこう、ふぅふぅしてまずはひと口……。口の中にふわりと広がる……

次の瞬間、ゴッホォッ！と咳込む蔵田。めちゃくちゃウイスキーじゃないか、なんだこれ。ウイスキーの蒸気が口にも喉にもいっぱいで動揺しかない。アイリッシュコーヒーの洗礼。

そして、ヒゲのマスターは笑っている。笑う前にひと言注意してくれたらよかったのに。とはいえ、これがいつものやつなんだからマスターに非はない。未知との遭遇ってこういうことだよね。

しかし、ゆっくりと味わうと、濃いめのウイスキーとコーヒーとで体はじんわりと温められる。

立ちのぼるアイリッシュコーヒーの蒸気はふわりとしたシェルターを作って、バーの喧噪を和らげてくれる。ウイスキーとは「命の水」を意味する、と誰かが言っていたな、などと思い出しながら、もう半分になったマグカップに口をつける。

9　ゴールウェイ〜ゲーリック・フットボール、牡蠣、意外とスイス

語学学校に通うために目指したのは、首都ダブリンから西に約200㎞、電車で3時間のところにある西海岸の街ゴールウェイ。もちろんダブリンのほうが学校も商業施設もたくさんあるけれど、少しずらしたい性分がこの街を選択させた。決め手は牡蠣フェスティバル。大西洋のミネラルをたっぷり吸収した牡蠣、食べてやろうじゃないの。そして、イングランド人が入ってくる以前のゲール人の文化がより濃く残っているのは、ゴールウェイを中心とした西のエリアだとも聞いた。一層迷いはなくなった。

さらに地元民に聞くと、アイルランド固有のスポーツであるゲーリック・フットボール（GAA：ゲーリック体育協会）のチーム「ゴールウェイ」が拠点としていて、熱烈なファンが

多いとか。

「そのスポーツ、存じ上げませんが？」と言うと、親切なその地元民のおじさんは、ゲーリック・フットボールがいかに面白いかを伝えてくれた。

ゲーリック・フットボールは、1チーム15人の対戦で、サッカーのコートで、サッカーボール大のボールを使い、ラグビーのゴールのようなH型ゴールにボールを放り込んで得点する。Hの下の方はネットがあってキーパーがいる。キーパーをすり抜けてゴールに入れたら3点。Hの上の方はネットがなく、バーの間を通過させたら1点。

選手はボール持って4歩まで歩いてよい。ボールを足で蹴るかドリブルしたらまた4歩歩いてオッケー。試合風景としてはピッチ上ではボールを持って走るラグビー、一瞬ボールを蹴るためにリフティング（蹴鞠のような動き）、またラグビーやって、ちょっとバスケみたいなドリブルして、ゴールシーンはボールを蹴りこむのでサッカー、上を通すときにはラグビー、といった様子。

いろんなスポーツ全部乗せ、みたいな試合風景が見ていて楽しい。そしてリフティングするときのひょこひょこした動きがどうしてもコミカルに感じてしまう。

日本では馴染みのないスポーツだが、現地の人気はすさまじい。現地滞在中、アイルランド全国リーグでゴールウェイが優勝したのだが、その時の街の騒ぎっぷりったらなかった。家という家から人間が出てきて、街全体が揺れ続けてるような熱狂ぶり。試合は、バーというバー、パブというパブで中継され、地元民だろうが留学生だろうが関係なく、ゴールウェイチームの得点シーンで歓喜の乾杯をして回る。貴重な経験だった。ちなみに相手チームが得点した時は、ため息をつきつつ相手をけなす言葉を発し、ぐいっとギネスを飲んでいた。いずれにしても試合が動くと飲む人々。

ゴールウェイのメインストリート

ゴールウェイ、人口約7万人。コリブ川（ゴールウェイ川）の河口にある港町で、競馬場があり、スパニッシュアーチなる石造りのゲートがある。グレーの花崗岩が石畳やら建物に使われているが、家や商店の壁面は若草色、桃色、レモン色などに彩色されて仲良さそうに並んでいる。9月には、オイスターフェスティバルという垂涎のお祭りが開催され、10万人以上の人が集まる。無論、フェスティバル期間でなくても牡蠣が登場する素敵な街だ。

ついでに言うと、店ごとにレシピが異なるクラムチャウダーがそれぞれに美味い。塩味の強弱、こってり感、入っている具材はだいたいポテトだが、一緒に煮込まれる魚は時にタラであり、時にマスである。ほろほろになったマス、こってりしたクリーム、ポテト多めでほくほく、熱々で出される水車小屋のクラムチャウダーが蔵田はいちばん好きだった。従って、ゴールウェイといえばクラムチャウダーが浮かぶ。

ゴールウェイ大聖堂と港

そのゴールウェイで、カルチュラル・インスティテュートという語学学校に通い始めた。

クラスメートの出身地は、スイス、ドイツ、イタリア、スペイン、フランス、チェコ、中国、韓国、日本など。なぜかスイス人率が高く、10人程度のクラスの半分以上がスイス人なんてこともあった。自然、スイスの飛び地に来たのかというくらいスイス人に囲まれ、現地の事情をいろいろ学ばせてもらった。

「スイスって4つの言語があるんだよね？」

とうすっぺらい知識を披露して会話の糸口を探す。

「いや、ほとんどの国民はスイス・ジャーマン（スイスのドイツ語）で、イタリア語とフランス語は国境近くでちょっと話されてるだけだし、ロマンシュ語はしゃべってる人はほぼいないよ」

ゴールウェイ大聖堂と橋

まらなかった」とにべもなかった。ロマンシュ語の子ども向けテレビ番組もあったそうだが、「あれはつまらなかった」とにべもなかった。

「スイス・ジャーマンってつまりジャーマン（ドイツ語）よね？」

と聞くと、

「スイス・ジャーマンは、ジャーマンとは違う言語よ！　スイスの言葉よ！」

と怒られた。これがヨーロッパの人々のアイデンティティの強さというやつかと感じる。

チューリッヒから来た女子やバーゼルの男子たちから「スイスはね」という話を聞いて、自国への確固たる自信と自負を感じた。漠然とイメージしていたスイスという国は、目をこらし耳をすますと、複雑でカラフルな人たちだった。

ゴールウェイ　ブリッジミルズカフェ

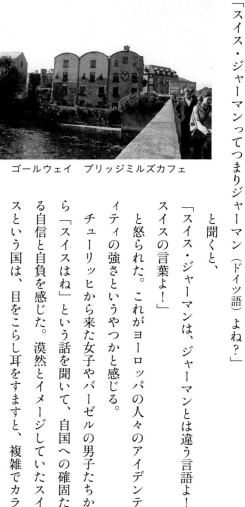

会話の中での最頻出単語は「ビュッフェミューズリー」というお初にお目にかかる言葉だった。ヨーグルトとシリアルとフルーツを混ぜたものが少し深さのあるお皿に入れられてスプーンで食べるものらしく、スイスメンバーみんなが恋しくて仕方がない様子だった。ビュッフェミューズリー（発音しにくい）には、家庭それぞれの味があるらしく「ママの作るビュッフェミューズリーが最高なんだ！」というのは、若者から年配のおじさんまでの共通見解だった。英語が苦手で引っ込みがちな女性も、ビュッフェミューズリーのこととなると饒舌になって一生懸命言葉を探しながら話す姿が微笑ましかった。この時点で、スイスに行ったらチーズフォンデュよりもなによりも、そのビュッフェミューズリーを食べるぞと心に決めた。

10　パブで出会ったアイリッシュダンス

キングスヘッド（King's Head）というパブがゴールウェイのメインストリートにある。ビアホールとバーと居酒屋を足して3で割ったみたいな小さな劇場のようなお屋敷。ステージもあれば2階席もある。

「王の頭」という変わった名前のこのパブ。1649年に清教徒革命で敗れた不運なイングランド王チャールズ1世の処刑人に、褒美として与えられた建物がこれなのだそう。王の頭……処刑の方法はあれだろう。しかし、なかなかのネーミングセンスだ、と感心する。王を倒してやったと、誇らしく名付けたのだろうと400年前を推測する。街の人々は憎い王の死に歓喜して処刑人を賞賛したのだろうか。あるいは高貴な血を汚した卑しい者だと、処刑人を見下したのだろうか。

このキングスヘッドで初めて見たのがアイリッシュダンス。上半身はほとんど動きがなく、主に足でリズムを取りステップを踏む。アイリッシュダンスの中にもいくつも種類があって、ソロ以外にもペアやグループで踊るものもある。ダンスなのに不自然なほど上半身を使わない、なぜ?という疑問に対する答えは、切なくて悲しい。

かつてケルト人が住んでいたアイルランド、4世紀頃にセントパトリックによってキリスト教が伝えられ、多くの人々がカトリック教徒となった。その後、イングランドによる侵略などにより、16世紀頃にアイルランドは植民地化された。17世紀に清教徒革命の立役者と言われるクロムウェルがアイルランドにやって来て、カトリック教徒を異教徒として迫害。土地の没収、住

キングスヘッド

民の虐殺、奴隷として売り飛ばすなど悪行三昧。語学学校のポーリック先生によると、「クロムウェルは悪魔」だったそうだ。高校の教科書で読んだクロムウェルは、革命の英雄のイメージがあったが、ここでは悪魔と呼ばれているのか。

アイルランドの人々への抑圧は進む。ゲール語の使用は禁止され、彼らの踊りも禁じられた。当局よる取り締まりも厳しくなったけれど、2階で、窓から見える上半身さえ動いていなければ踊っていても気付かれはしない。上半身を固定し、足で複雑なステップを刻むアイリッシュダンスはここから始まったのだそう。そうまでして踊りたかったのか。辛く虐げられる日々の中で、踊らざるを得なかったのかもしれない。

文化を抑圧され、いじめられ飢えて死んでいった人々のイングランドへの恨みは、アイルランド人のDNAレベルで染み付いているようだった。クロムウェル以降も抑圧の歴史は続き、20世紀にアイルランドがようやく独立してからも禍根は残った。北アイルランドはイギリスの一部になった後も火種が消えず、紛争（見る側によってはテロとも言われる）は続いた。

言いようのない切なさだが、アイリッシュダンスは軽快で明るく、チャーミングで美しい。

「美しい音楽は、悲しい歴史を背負っている」とパブで会ったおばあさんが教えてくれた。彼女は長年アイルランドの歴史を見てきた妖精のひとりだったのかもしれない。

美しい音楽はここアイルランドのみならず。沖縄は大国のはざまの苦しみを、ジプシーは人々に受け入れられず流浪する寂しさを、それぞれ美しい旋律に変えて弦を震わせ、体を揺らしてきた。

美しい音楽は、もう世界にたくさん存在している。もう十分悲しんできたから、抑圧も迫害も、まして戦争なんていらない。軽快なアイリッシュダンスのステップを眺めながら、そんなことを思った。

11　敵の敵は

語学には日々の鍛錬が欠かせない。ということで、ウィークデーにはパブの扉を開け、ギネスを片手に誰かに話しかける。

パブ。パブリック、つまり公共の場。自由に人が出入りし、会話し、スポーツを見て、音楽を聴くコミュニティがそこにある。

ゴールウェイのパブは名店揃いだと、地元の牧場主が教えてくれた。クレインバー、キーズ、キングスヘッド、リシーンバー、カウチポテト、ティコリ……確かにどのパブも個性があって飽きることはない。

「こんなに日々飲み歩く学生は初めてだ」とステイ先の素敵な老夫婦からお小言を言われ

るほどその公共空間に出かけていたのは、土地の空気を呼吸し、現地の人たちと交流したかったからだ、と言っておく。

ある日、古びたパブの年季の入ったカウンターでキルケニーを飲んでいたら、隣に座っていたアイリッシュのおじいちゃんに声をかけられた。

「どっから来たの？　チャイナ？」

と酒焼けした言葉が喉から漏れる。

「ノーノー、ジャパンだよ」

と、よくあるやり取り。チャイニーズもコリアンもジャパニーズも見た目一緒なんだろうけど、国籍を間違われるのはなんだか悔しい。まあ、逆もしかりだから。するとおじいちゃんはカサカサの頬を赤らめて、

「そーかジャパンか。だったら俺たちはフレンドだ！　お前たちは勇敢な国だ！　日本のために乾杯だ！」

と一気にまくしたてる。

「じいちゃん、どういう意味？　どのへんが勇敢？」

と聞く21歳の日本人青年に酒焼け声のじいちゃんが語ることには、

「お前たちジャパニーズは、小さい島国なのに、あの憎い大国イングランドにケンカを売った。負けたけどな、とても勇敢だった。イングランドってな、あいつらひどい奴らなんだ、知ってるか？」

と始まり、しばらくイングランドの極悪非道なふるまいの歴史について、プライベートレッスンが開かれる。支配され抑圧された歴史の語り部。史実か誇張か、極東から来た身としてはこちらの島国で何が起こっていたかなど確かめようもない。ただこの老人の饒舌な語りを前に、頷きながら聞く。民族の記憶か。

オカピの子は自分の親がライオンに食べられても、ライオンを生涯恨んだり復讐したりしないけど、人間は数百年単位で記憶を継承して報復をしたりする。不自由なものだ。

そういえば、蔵田がまだ10歳くらいの頃にも、祖父からこんな風に戦争の頃の話を聞いたことがあった。曾祖父が日露戦争に行って戦ったことや、祖父の友人たちがシベリアに抑留され故郷に帰って来られなかったこと。繰り返し聞かされるその歴史は、ある種の価値観をしみこませるには十分な効果があったように思う。

隣でウイスキーのグラスを空にしたじいちゃんは、蔵田を向いてグッジョブと言いながらめちゃくちゃ肩を叩いている。ありがとう、痛いけど。

その戦争でね、我が家のじいちゃんの兄弟はみんな死んじゃったよ。日本のご先祖さんたちががんばってくれたんだけどね、いろいろ悲劇も起こしちゃったみたいよ。とこちらがしゃべり始めると、途端に船をこぎ始めるじいちゃん。おいおい言いっ放しかよ。

敵の敵は味方、そんなとこか。そういう気持ちになるけどな、分かるけどそれでいいのか?という疑問がふわりと浮かぶ。そもそも「敵か味方か」という二元論的な分断の発想ではなくて、問題の本質は何なのかをテーブルの真ん中に置いて対話する行動が大切なのでは?などと思ったけれど、空のウイスキーグラスを握ったままの年配の連れはまだ夢の中にいる。

もし今会った若者がチャイニーズだったら、この連れは何を語ったのだろうか。どこの国出身だろうと、ひとつふたつは褒められる世界史の知識を持っている博学だったりするのだろうか。尊敬の念を抱いてちら見したじいちゃんの口からよだれが垂れている。きっと博学じゃない。

数分後にじいちゃんは目覚め、マスターに2人分まとめて払うことを伝え、隣の21歳にウインクをして立ち上がった。サンクス！と感謝を述べる蔵田の肩を「ノープロブレム！」とバシバシと叩き、よろよろと出口に向かう。痛みと親近感を同時に残して消えていった。

また来よう、このパブの空気を吸いに。

12 ポーリック

俺の名前はポーリックだ、と言う天然パーマで小太りのおじさんは語学学校の先生だった。「ポーリック」は英語でいう「パトリック」のことで、アイルランドではメジャーな名前だと彼は言った。とにかくアイルランド愛に溢れ、いかにアイルランドの人たちが、ゴールウェイの人たちが温かいかを解説してくれた。

「バスの運転手はおばあさんがいれば停留所でなくても止まってあげる。まあバス停がどこなのか運転手が

語学学校GCI

覚えてないだけだけど」「アイリッシュはパブで初対面の相手にもおごってあげるんだ。まあ酔っぱらってよく分からなくなってるだけだけど」そんなショートジョークをいくつも持っていた。その自虐的なネタにくすりと笑う生徒も多かった。

ポーリック先生と

英語の授業なのでアルファベットをAから発音する、なんてこともした。A、B、C……と発声していくのだが、Hの時にポーリックは必ず「ヘイチ」と言った。私を含む日本人も、他の国の出身者も「エイチ」派が過半数超なので、「エイチ」、「ノー、ヘイチ」というやり取りが授業の度に繰り返された。

蔵田としては、なるほど英語にも方言や地域性があると聞いていたけど、読み方含めてここにそれがあるのかと、新たな発見をした気持ちになっていた。そしてHで始まる単語の多くが「は行」の音であることを考えると、「ヘイチ」のほうが理にかなっているのかもしれない、とも思った。あるいは、日本で京都から言葉が同心円状に広がっていくように、大西洋の際にあるこの街の「ヘイチ」は、古代ロンドンで話されていた音かもしれない。

今日もきっと、陽気なポーリックの授業では「エイチ」が矯正されている。

語学学校GCIのクラス

13　ポーランドにはポーランドの意思がある

語学学校が、時に学生たちのレクリエーションのための小旅行を企画してくれる。

初夏の日差しがまぶしい土曜日の朝、バスで向かったのはアスローンという街。崩れかけた壁に苔むす教会は、バイキングとクロムウェルによって破壊され、今も着実に朽ちつつある。古の墓所には真新しい看板がかけられ、カメラを構える旅行者たち。ファインダー越しに見える笑顔とピースサイン、その足元の墓石の下に眠っているであろう誰か。そこに思いを馳せないことは、特に不思議なことでもないのだろうか。

墓の次に向かったアスローン城は、外をくるりと回っても10分とかからない。沈んだねずみ色の外壁は、石の文明の呼吸を続けている。

「ベルギーにある城は、この城よりもずっと美しい」と言うベルギー人のヴィンセントが、ポーランド人のオスカーとオルガ、蔵田を誘って一緒にパブに入る。

2杯目のサイダー（りんごの発泡酒）が注がれた時、オスカーが熱を込めて演説を始めた。

「ポーランドのEU加盟には反対だ」

と。インフレで国民は苦しい思いをしている、EU加盟で外国企業が入ってくることになったら国内企業は潰されてしまう、と。それを聞いてオルガも応える。

「失業率は26％を超えている。政治家は狂っている」

そう吐き捨てるほどに、EUとは議論を呼ぶものなのか。極東の島国から見ると、みんなひとつにまとまれば良さそうに思える。通貨がひとつになったら旅行もしやすいし、レートの計算をしなくて済むのに。EUでまとまったら経済的にも強くなるし。

そんなことを言うと、白い目で見られそうなので蔵田は口をつぐみ、ひたすら頷いていた。

ロシアとドイツという大国に挟まれたポーランド。オスカーによると、優秀な理系の学生が多く、エンジニアとして国内外で活躍しているポーランド国民も珍しくないらしい。

「ポーランドは強くなければならない」と言う彼。徴兵制のあるポーランドでは、大学生でなかったら兵役につくことが義務とされている（２００９年に徴兵制は廃止）。

オスカーやオルガの友人たちは、何人も兵役についているそうだ。

普段明るく陽気な２人だったが、この時は彼らの覚悟のようなものを見た気持ちだった。国と自分、そして家族。それらについて、緊迫感を持って日々考えている。同世代として自分はどうだろう。そんな問いが浮かぶ。

14　アコースティックな夜

街の中心から少し離れると姿を見せるクレインバー（Crane Bar）。湖畔の草原に現れた白鳥のように、白い壁が美しい芝居小屋のたたずまい。ここでは毎日、フィドル（バイオリン）、バウロン（手持ちの太鼓）、アイリッシュフルートで音楽が奏でられている。時にはコンサーティーナ、ギターなどの楽器も加わる。

アコースティックなのかアンプ・スピーカーを使って音を出していくのかは、パブの規模やオーナーの方針によるのだが、クレインバーはアコースティックな店だった。パブの中はそこまで広くないけれど、素敵な音楽と居心地良さがあって毎日本当に賑わっていた。

クレインバーで演奏されるのは伝統的なアイリッシュミュージック。アイルランドの音楽はなぜか懐かしく、気持ちを穏やかに、そして軽やかで楽しくしてくれた。ギネスビールを飲みながら飛び交う会話と音楽が詰め込まれた店内で、出自の違う友人とする何気ないおしゃべり。これが留学だ、と思うキラキラした瞬間たち。

クレインバー

スペイン人は朝のエスプレッソの重要性を語り、チェコ人は自国のビールの美味しさと豊富さを語り、イタリア人はママのラザニアを自慢していた。ママのラザニア自慢なんて漫画の世界の話だと思っていたから、本当にそんなステレオタイプを発見してちょっと笑ってしまった。スイス人たちは相変わらずバーゼルかチューリッヒかでマウントを取り合っている。大阪対東京みたいなことは各国あるらしい。

そんな入り乱れる会話の傍らには音楽が寄り添っていた。アイリッシュセッションの何が好きって、演奏している人たちが靴裏で刻むリズムだ。ドン、ドン、ドンという音と振動が、こちらの靴裏を通して心に響いてくる。響きに呼応して体が揺れる。

ザルツブルグ出身だと言っていた隣のオーストリア人の女性が急に蔵田の手を引く。「ダンスタイムよ！」そう言われ、ステップはこうすればOKと歌うように話されたところで音楽が始まる。ステップと言われて床を蹴るものの、ダンスの心得などなく心許ない上に、目の前の素敵な女性に手を握られて心がざわついている。日本人は高校のフォークダンス以外は手をつないだりしないのだ。

何が何だか分からないままに音楽が終わり、グッジョブ！と言われてハグされる。ハグなんて！　より一層何だか分からなくなる。テーブルに置いていた蔵田のギネスは隣のスペイン人に飲まれている。さっき脱いだ上着はアイリッシュのじいさんが尻に敷いている。もう事件が多すぎる。

もう何でもいいやとしか思えなくなり、「パイントオブギネス！」（ギネス1杯！）を注文しに行く。

ギネスは、タップから注いだ後に泡が上がるのを待たなければいけない。勢いよく注がれて泡と混ざった茶色いギネスは、泡が上がるにつれて深く黒い液体になる。しばらくして2度目が注がれる。もう少しだけ我慢すると、パイントグラスのトップぎりぎりのところにクリームのふたが完成する。くっきりと分かれるクリーム色と黒のコントラストが美しい。

このパーフェクトパイントを、ゆっくりと持ち上げて口元に運ぶ。

至福の瞬間がすぐそこにある。

15　蔵田、ステイ先を追われる、の巻

留学当初、ノックナカラパークというエリアにホームステイさせてもらった。学校まで自転車で20分ほど、雨の日以外はかなり快適なサイクリングだった。問題は、雨が多いことだけだった。

ステイ先の家族は年配の夫婦２人。朗らかに笑う奥さんと、寡黙だが笑顔が素敵なお父さん。ご飯も美味しく、他のルームメイトとも仲良く過ごしていた。

ステイを始めてからひと月ほど過ぎたある日、語学学校のスタッフの方から呼び出し。スタッフの方曰く、

「君のステイ先から苦情がきている。君はしょっちゅう遅くまで飲んで帰り、真夜中にシ

ャワーを浴びて寝るらしいじゃないか。こんな不真面目な学生は初めてだって言われてる。うちの学校にとっては、学生もお客さんだが、ステイ先の家庭も大事なお客さんだ。なので君には別の家でステイしてもらう」

とのこと。反論は認めない、これは決定事項だよということであった。

そんなことあったか？と胸に手を当てる蔵田。心あたりは、ないこともない。何回か。

ゴールウェイに息づくパブ文化。それが魅力的過ぎるのである。ローカルでアコーステイックな生演奏の聞けるパブ、ロックで激しく盛り上がるパブ、地元の人しか居ない静かなパブ、ゲーリックフットボールファンのたまり場になっている活気溢れるパブ。ギネス、キルケニー、シードル。音楽とお酒と人、その魅力をこれでもかと満喫していたのは紛れもない事実だった。

ステイ先のご夫婦には、直接言ってくれてもよかったのに、と思ってもやもやしたけれど、度を越してしまったのかと反省。いや楽しすぎましてね、とは言わず。

翌日、引っ越しのためステイ先で荷物をまとめていた蔵田のところにご夫妻が来て、

「今度うちにステイに来るのが親戚同士でね、ふた部屋ないと困るって言うからうちになったのよ。マサーカには別のところに行ってもらうけど、そこも素敵なお家よ」とのことだった。素行が悪いからじゃなかったのか、と気持ちが楽になったが、今思えば優しさだったのだろう。日本でいう「本音と建前」のようなものがこの国にもあるのかなと思ったりもした。


新しいステイ先で過ごし始めてから2カ月が経った時、

「家族でスペイン旅行に行くから、元のステイ先に戻ってね」

と言われ、また引っ越しですか?とさすがに学校に苦情を申し立てたところ、

「ステイ先の家庭の都合なので仕方ないでしょ?」と、笑顔でお返事をいただいた。

16　城を目指して羊に出会う

　せっかく日本から遠く離れた場所で過ごすからには、今までやっていないことにチャレンジしたいと思った蔵田。格安で購入した自転車が軽快に飛ばせるロードバイクだったこともあり、自転車旅をしてみることにした。どうせなら旅の資金も小遣い稼ぎをしてからと、ゴールウェイのメインストリートでストリートミュージシャンに交じって歌を歌ってみた。上を向いて歩こう、赤とんぼなどを歌って案外聞いてくれる人がいて投げ銭があって、20アイルランドポンド（当時で約２５００円くらいだったと思う）ほど稼ぐことができた。

　7月のある土曜日の朝、ツーリストインフォメーションで情報を仕入れる。以前行ってよかったと友人が言っていたコングという街について調べる。お城と映画で使われたかやぶき屋根のかわいらしい家があって人気なのだとか。道のりは45キロほどらしいが、なんとかなるだろう。ゲストハウスを予約し、地図を買って出発した。

夏とはいえアイルランドは涼しいもので、相変わらずの曇天、途中何度か天然のシャワーを浴びた。2時間を過ぎたところでサンドイッチを買い、近くの牧場のそばの石垣に腰を下ろす。石垣の隙間が空いているからか、上るとミシミシ音を立てて不安をよぎらせる。見渡せる風景は緑のじゅうたん、そのじゅうたんが吹き飛んでしまわないための石積みがちらほら。じゅうたんの上には、ティッシュをくるくると丸めたような白い塊が点在して緑を食んでいる。よしこちらもサンドイッチを食もうではないか。

少し近くにいる白い塊がじっとこちらを見ている。目が合うと、「メェェェ」と言いながら1歩、2歩と近づいてくる。ふと反対側にも同じようにこっちを見ている灰色っぽい塊がいる。こちらも目が合うと「メァァァァ」と鳴き、1歩、2歩と近づいてくる。君は少し声が枯れているね。だるまさんが転んだ、みたいになっているなとクスクス笑っていると、羊さんチームの参加者が増えてきているのが分かる。白チームと灰色チームそれぞれで、10、20、もっといる。

サンドイッチを食べ終わるころには、手を伸ばせば触れそうな距離に数頭、その取り巻きで30近い羊さんたちが蔵田を囲んでいた。ミニライブでもできそうなほどだが、ライブより先を急ぎたいので立ち去ることにした。去り際にメェメェ泣いてくれるあたり、案外律儀な動物なのかもしれないと思った。

それから1時間、目指したコングに到着。今もホテルとして使われているアッシュフォード城の美しさに魅了され、硬いサドルによって痛くなってしまったお尻のことをしばし忘れることができたのはありがたかった。

1泊して再びゴールウェイに帰るために二輪にまたがったが、1時間もしないうちに再びお尻にダメージを受け、その後2時間、頭の中ではどうお尻を守るかばかりを考えていた。帰りのほうが晴れ間が多く、明け方のシャワーに濡れたシャムロックが空へ向かっていく景色が美しかったのに。

17　メガネ君の敗北

英語しか周りにない環境でしばらく過ごすと、耳や口が英語に慣れてきたな、と感じる。そして、英語ネイティブではない国のクラスメートたちが、教科書通りではない文法や発音でもへっちゃらで話そうとしている姿を見て「なんだこれでいいんだ」と思うようになった。間違いを恐れずにしゃべってみると、案外通じる。カフェテリアではサッカーの選手の名前と身振り手振りだけで十分盛り上がる。イタリア人の男子学生と飲みに行くと、文法的には赤点だという構文でありながら近くにいる女性を片っ端からナンパしていた。イタリア人はナンパをするというステレオタイプな映像を目撃した驚きを受けた一方、その貪欲なコミュニケーションスタイルには大いに励まされた。

とはいえ、クラスで文法の試験もある。「英文法ばかり勉強する日本人は、学校で6年間やっても英語がしゃべれない」などと言われるが、正直、英語だろうと日本語だろうと、文法をないがしろにしてコミュニケーションはできない。日本のセンター試験をくぐり抜けてきた蔵田としては、高得点を取ってヒーローになりたいところ。文法偏重教育に、この時は感謝した。実際、語学学校のテストではいつも高得点をとることができた。

チェコ出身のスザンナと

しかし、新たにクラスに入ってきたチェコ人のスザンナ。彼女はスピーキングスキルが高い上、文法もほぼ満点。さらにドイツ語がだいたい分かると言い、よく笑い、周りに気遣いができて困っている新入生に声をかけたり、気の利いた話題でグループを盛り上げ、難しい問題は解説してあげたりしていた。

いやこれは敗北だよメガネ君。爽やかな敗北。蔵田もスザンナを見習って、新入生に優しく声をかけてみたりしたわけだが、「君はいいんだけど」と言いたげな目線を感じる。敗北を重ねるメガネ君。

もう妬みとかの段階ではない。チェコ出身者にお会いしたのは初めてだったけれど、素敵な民族なのだと確信した。サッカーの強豪、美味いビール、そしてゆっくりと流れるモルダウ川。いつかその美しい国に降り立ちたい。

18　私が見たベルファスト

湾岸戦争が起こった1989年。その年、山口県では大雪が降った。小学校の校庭は白い静けさに覆われて、ふんわりとした冷たいヴェールをまとって子どもたちを待っていた。教室の窓からまぶしい雪原にぼんやりと見とれていると、先生が「算数の授業は雪合戦の時間にします！」と宣言した。立ち上がって叫び声をあげる者、早くもベランダに飛び出そうとする者、3年生の教室は無秩序なライブ会場のようだった。

同級生たちが我先に雪見だいふくを広げたような校庭に飛び出していく。誰が言い出したのか、多国籍軍とイラク軍に分かれて雪玉を投げ合った。最初は半分ずつに分かれていた両軍だったのに、時間が経つにつれて多国籍軍の人数が増え、蔵田の属するイラク軍はどんどん劣勢に追い込まれた。なんで俺がイラク背負って戦わなきゃいけないのか、ばかばかしくなった頃に先生がみんなを呼び戻しに来た。

イラク軍チームで戦ったからというわけでもないだろうが、そもそもなぜ世界には多くの紛争があるのかは素朴な疑問だった。民族が、宗教がと言われても、ウチは神道で、夏には近くの寺のお接待で出る赤飯を楽しみにしていて、クリスマスにはサンタクロースが来る家だった。宗派は違えど、みんないろいろくれた。宗教なんて多ければ多いほどお得、という原体験。友達だろうが近所だろうが、海の向こうの他の国とだろうが、シンプルに「仲良くしてればいいよね」と思っていた。

大学の授業で紹介されていた『民族世界地図』(浅井信雄)という本に出会い、どうやらこの世界の各地では宗教、人種、民族が複雑に絡み合っていることを知った。さらに政治や経済も、まぜこぜになっている。記録や記憶も織り込まれて争いが多いらしい。日本は平和なんだ、もしくはいざこざが覆われているだけかもしれない。だけど、紛争にはなっていない。ここで暮らしている限り「民族紛争」が自分ごとになることはないだろう。

「これはもう現地に行くしかない」と思ったけれど、とりあえず怖い。怖いけど、少し安全そうなところなら行ってみよう。北アイルランド紛争を抱えるヨーロッパの島国に留学を決めたのにはそんな理由もあった。ブラッド・ピットとハリソン・フォードが出ていた「デビル」で北アイルランド紛争を扱っていたのも理由のひとつだったはず。

語学学校に通い始めて少しして、ゴールウェイから小旅行に出かけた。東海岸にあるダブリンを経て北へ、ベルファストに向かった。

爆弾を使った攻撃、と呼ぶのか、爆破テロ、と呼ぶのかはその人の立場によって表現が異なる。

２００１年のベルファストは、１９８０~90年代に比べると爆弾を使った攻撃などは少なくなっていた。ただ、紛争が完全に収まったとは言えない状態で、街を歩いていてもどことなく緊張感を感じたのは先入観もあったからなのか。

カラフルなＴシャツを着た若者たちを横目に、にぎやかなショッピングストリートを過ぎて角を曲がる。目に飛び込んできたのは鉄柵で囲われたパブの入り口。曲げてみようなんて思いもしない鉄パイプが組み上げる檻。出入りする者を一度収監しなければ気が済まないこのパブのセキュリティの由来を、バーテンダーに聞かないわけにはいかなかった。

「ここは北アイルランドを独立させようとするグループのたまり場だから。爆弾を積んだ車が来ないようにしているんだよ」

納得感はあるも穏やかではない。聞くところによると、事実爆弾を積んだ車が突入したことがあったとか。

背中に爆弾の予感を感じながらギネスを飲むってどうなのよ。むしろ、隠れ家探して、突っ込まれにくい所に集まればいいのに。それはプライドが許さないのか。命とポリシーという天秤は成立するのか。そんなことを考えながら飲むコーヒーの味など、覚えているはずがない。

繁華街から外れた住宅地に向かう。シャンキルロードと殴り書きされた静かなかつての団地には、そこここに壁画が並ぶ。こちらはハンガーストライキで亡くなった人たちのメモリアル、こちらは独立反対派の義勇軍の肖像、こちらは独立派の義勇軍を鼓舞する応援。

30代と思しき女性のガイドによる歌うように爽やかな説明が、黒ずんだアスファルトのような色やどす黒い赤で描かれた壁画の前でさまよっている。壁画の前にじっと立つと、気圧されて1～2歩下がりたくなる。

少しだけ小高い盛り土の上に取り残された石碑には、とある日の襲撃で亡くなった人々の名前が数字とともに記されていた。66、52、41、37、31、24、18、9、5、3。年齢を表すその数字に、一体何を思えばいいのだろう。

独立するのかしないのか。向いているのはこっちなのかあっちなのか。襲撃するのかしないのか。いろんな出来事は1本の線でつながっていると思っていたけれど、そこにもし狂気があったとしたら、それは果たしてつながっているといえるのか。

現地に行き、現場を見れば全て分かると思っていたけれど、現場に立ったことで思考は攪拌された。

よそ者が口を出してはいけない、と思うのは思考停止したいからなのか。そんなことを思いながら涙をぬぐった。

19　ポテト！　ポテト！　ポテト！

異国のホームステイには様々な不安がある。人間関係と1～2を争うのがステイ先のごはんである。できることなら現地の「おふくろの味」に出会いたい蔵田。アイルランドといえばじゃがいもである。

都合により時期を変えて2軒のお宅にステイさせてもらったが、2軒目は共働きで4歳くらいの男の子がいてなかなかお忙しい様子。そこで夕食のレギュラーと準レギュラーを張っていたのは、ポテトと、そして、ポテト。ポテトのない日はない。"No potato, no life." がスローガンですかと思うようなメニューで、ポテト好きとしては喜ばしいと感じていた。ただ さすがに、とある日のディナーがワンプレートで出され、フライドポテトとベイク

ポテトポテトポテト

ポテト＆ミートパイ

ドポテトとマッシュポテトが3分の1ずつ載っけられて出てきたのには驚いた。マッシュポテトの上にぱらりと散らされた乾燥パセリがかろうじて彩を添えようとしていた。

アイルランドという島の岩がちな国土。その上にうっすらと土が載っかっているため、強い偏西風にさらされるとその土が飛ばされてしまう。それではかなわんと、石を積み上げて小さな区画を作ることで土を国土に引き留めている人々。季節を問わず雨降りの景色を見せるこの島国は緑が満ち、故にエメラルドの島とも呼ばれる。

そのエメラルドの島、呼び名こそ美しいが、薄い表土では穀倉地帯にはなれない。しかし人を養わねばならないと消去法的に選択されてきた作物こそ、じゃがいも。

イギリスの植民地となっていた19世紀、その命綱の作物が病気のため不作。当然、人々の飢えは深刻だった。ただ、付いた名前が「ポテト飢饉」では、いまいち深刻さに欠ける気がする。

当時のイギリス政府はエメラルドの島の人々に対してほぼ救済の手を差し伸べなかった。新たな宗教であるイギリス国教会、プロテスタントから見ると、カトリックの先住民たちは救うべき対象にはならなかったと聞く。宗教が違うと芋はやらないというわけか。結果、100万人が餓死し、故郷を捨てて生き延びようとした100万人がアメリカやカナダを目指して大西洋を渡った。ポテト飢饉により減ったアイルランドの人口は約2割。30人のクラスなら6人居なくなっている。

パブで話すアイリッシュたちが、ワールドカップのイングランド戦で敵意をむき出しにしているのを見るたび、つくづく食べ物の恨みは恐ろしいと思う。

20　マイノリティ in マイノリティ

アイルランドに行けば、日本人の自分は当然少数派（マイノリティ）になることは予想していた。外国から来た学生が、住民とは違う存在として位置づけられるのは当然だから。

ただ、街の中で、少数派の留学生という小さな集団にいて、更なるマイノリティになったのは不思議な体験だった。「多数派のヨーロッパ人の中にいる少数の日本人」という構図。アイルランド人からは「外国人」で、留学生の中ではマイノリティだった。特別に差別を受けたわけでもないし、酷い言葉で罵倒されたわけでもないが、あまり存在を認識されていないような感覚だった。ケアされていない、というか。

ランチタイムのレストランでも、パブでも、少し複雑な話になるとドイツ語で議論が始まることがよくあった。小旅行の行先は、スペイン語であらかた話し合われて決まっていた。こちらが意見を言ってもなんとなくスルーされる。ヨーロッパという地域に住む彼らの間には、地理的なことなのか、宗教的なことなのか、何らかの共感があるように見える。こちらとは共有されない何かが。

クラスメートたちは皆優しい人たちだった。質問して答えてくれないということもない。お互い英語は勉強中なので、抽象的なことはうまく説明できないけれど、差別しようという空気もない。ただ、何か芯を食っていないような、もうひとつ近づけていないと感じる。疎外感というか孤独感というか、自分の姿がすうっと透明になったような気持ち。私がここにいるよ、という看板を持って歩きたいような。

翻って、日本での日本人という圧倒的多数派の時の自分のふるまいはどうだろうか。外国人の感じる言葉の壁や、文化の壁があることを意識しているだろうか。文字も読めない、言葉も分からない、「暗黙の了解」なんて知る由もない。そんな人たちが抱える孤独や疎外感に寄り添えているのだろうか。ましてそのマイノリティの中のそれぞれも、一色に染まっているわけではないことを想像できているだろうか。

21　カウチポテトで昼食を

クラスメートと行ったランチのレストラン。ランキング1位は、間違いなく「カウチポテト」だ。カウチ（ソファ）でだらだら過ごしている人、という意味のカウチポテト。その名の通りソファがあり、ついだらだらと過ごしてしまいたくなる。

このレストランを特に気に入っていたのがスイス人で同い年の女の子のサラ、ＩＴ関係の経営者のレト、会社員で2人の子どもの母親であるベティーナの3人。この3人とつるむとランチは必ずカウチポテトで、サラはいつも「グリークフェタ」という、山羊のミルクで作った塩漬けのチーズ（フェタチーズ）がたっぷり入ったサラダを頼んだ。このフェタチーズ、山羊独特のクセが香り、舌触りはぽそぽそしていて、なんせしょっぱい。単体で食べるのはちょっと苦手だったが、オリーブオイルをふた回しして、輪切りのオリーブと野菜を一緒に食べると相当いける。

「イタリア系スイス人の私が、ギリシャと名の付くチーズをスペインのオリーブオイルで食べてるのよ。地図を想像してみて。ローマ帝国になるから」

というのがサラの持ちネタ。何度かに1度は「ローマ帝国になるから」のくだりをオペラ風に歌い、確実に周りを笑顔にする。以来、スーパーでフェタチーズを見ると必ずローマ帝国を思い出す。

歌うサラ・フィリッポ　コークにて

サラは、朗らかでおしゃべりで、それでいて人の話をよく聞く。クラスでも、クラスの外でも、周りの人たちをよく見ていて、ひとりポツンと座っているクラスメートに話しかける。話題はたいてい食べ物の話で、次にするのは音楽の話。
ファミリーネームは「フィリッポ」といういかにもイタリア系の名前で、ブロンズの髪に青みがかった目をしていた。「太陽は大好きだけど、目は光に弱いからサングラスは欠かせない」と、いっつも大きめのサングラスを持ち歩く。たまにサングラスを忘れて、「太陽が私の目を攻撃する！」と騒いで日陰を探した。

蔵田は、いつも念のため日陰を探していた。サングラスを忘れたサラがいつでも避難できるように、と思って。

22　マサーカと呼ばれて

蔵田、名前は正亮と書いてマサアキという。

この名前が読みづらく「マサアキラ」とか「マササスケ」と呼ばれたことがある。どちらも殆ど聞いたことがないのにどうしてそう読むと思うのだろう。

受話器に向かうと特に説明が辛い。

「マサは「正しい」、アキはリョウって字で、ナベブタにクチ書いてカタカナのワの下にル、って書くやつです」と説明している。すると時に、

「あー、下のとこが冗談のジョー、みたいな字ですね？」

と言われ、感じる敗北感は何だろうか。「冗談のジョー」って。

アイルランドで「マサアキ」と自己紹介すると、現地の方々には発音しにくい様子。漢字の説明が不要なだけましだ。日本語の母音は強いと言われるがそのせいなのか、現地では「マサーカ」と呼ばれることとなった。新しい名前をもらったみたいで嬉しい。

語学学校に新たに入ったクラスメートの日本人が、「マサーカってどんな漢字書くんですか?」

と聞いてきた。無論、そんな字は無い。前述の漢字の説明をすると、

「あー、冗談のジョーの!」

とかおっしゃる。だから俺は「冗談のジョー」ではない。ジョーは燃え尽きて灰になる人だ。

ダニエル・ガラハくん

「マサーカ」をアイルランドでいちばん発したのは、ホームステイ先のダニエル・ガラハ

くん5歳だった。好奇心旺盛の元気な少年で、マサーカの部屋にもずんずん入って来た。しかも、キャスパーという、白くてもふもふのくるくるパーマの毛質のワンちゃんと一緒。

「キャスパー！マサーカ！カモン！キャスパー！マサーカ！」

と叫びながら、床からベッドの上を走り回り、騒ぎを聞きつけたママに怒られながら連れ去られるというにぎやかなルーティーンだった。

ワンコと同列なのはいかがなものかと思ったが、どちらも天パだしよしとしよう。ベッドの上もキャスパーの抜け毛だらけだけど、まあこれもよしとしようか。

アイルランドを発つ朝、ダニエルがマサーカにくれたのは、瓶のフタと思しき王冠だった。「これ3番目に大事な宝物だからあげる」と言っていた。ママはちょっと泣いていたし、マサーカも目頭が熱くなっていた。宝物の1番目と2番目は大事に取っとけ、と思った。

23　イェイツをたずねて

大学で、蔵田が3年の春に入ったのは、英語文学、なかでも詩を研究するゼミだった。外国語学部で言語を学び、3年次には経済、文化、政治、言語、文学などの中から分野を決めてゼミを選択することになっていたが、経済も政治も言語そのものにもあまり惹かれなかった。そういえば昔から割と本が好きで、詩も読んだり書いたりしていたので、英語の詩を学んでみるのもいいかもしれない、そんな軽い気持ちで選んだ分野だった。

90分のゼミ、6~7人がそれぞれ選んだ詩を持参、予習で訳と解説を作ってきて、詩を読んだ上で訳と解説を発表する。1回のゼミで3~4人の持ち込んだ詩を扱うので、ひとりあたりの持ち時間は20~30分といったところ。その間、「この白鳥はきっと前の奥さんを投影している」「ここで言う卵は生命の源の象徴として登場している」という議論を深めるのがこのゼミだった。

初めて先輩方のゼミに参加して、これは平安時代の句会みたいなものかと思った。あまりにゆったりと過ぎる時間、長い沈黙、その沈黙を厭わない空気感。やっぱりゼミを変えようと思います、と学生課に向かう途中に会ったロングヘアで紺色のワンピースの先輩に「最初はよく分からないと思うけど、だんだん楽しくなるから一緒にがんばろうね」と優しく言われ、つい「はい、がんばります」と言ってしまった蔵田。

実は、「だんだん楽しくなる」ということはなく、修行のような句会が続いた。とはいえ何回かに1回は自分が詩を持ち込む必要があり、そんな時に選んだのがアイルランドの詩人ウィリアム・バトラー・イェイツの詩「イニスフリーの湖」だった。不思議と読みやすかったこと、読んでいると風景が立ち上がるような気がしたことで、他にどんな詩があるのだろうと興味を持った。「白鳥」では、自分の愛する女性を白鳥として熱烈な気持ちを描いていた。鳥に想いを託したり、花に心の移り変わりを見たり、洋の東西を問わずそれは行われるものなのかと、素朴に感動した。和歌や俳句のようなものだな、と。

さらにもう少しイェイツを研究した本を読んでみると、アイルランド独立運動や文芸復興運動、土地の伝承を収集して伝えていった詩人で、ノーベル賞も取っているということが分かった。これは面白い人間に出会った、と思った。

アイルランドを留学先に選んだのも、あえて西海岸のゴールウェイを選んだのも、アイルランドの西部方面にスライゴというイェイツが幼少期を過ごした場所があったことが理由の一つだった。

語学学校の友人たちに「2泊3日でドライブに行くから来ないか」と誘われ、行き先を聞くとなんとスライゴを通るルートだった。そこで、一緒に行くというか途中で降ろしてくれないかお願いした。

「マサーカは私たちと一緒にドライブに行きたいの？　それともただスライゴに行きたいだけなの？」

とスイス人で20歳のヴァーニャに聞かれ、「両方」と答えて失笑された。

やはりスイス人の友人たちはとても親切で、ドライブに行き1泊した後、お願いした通りにスライゴで蔵田を降ろしてくれた。8月にしては思いのほか涼しい風が吹いていたが、薄い雲の隙間から差す日差しが夏を演出していた。

スライゴは、30分もあれば歩いて回れそうな街だった。派手さはなく、控え目な街という印象だったが、ふと見上げると緑色に包まれた巨大な岩山がそびえ立っていた。巨大な抹茶プリンを容器からひっくり返し、そのうえに抹茶パウダーをふりかけたような物体で、明らかにこちらに向かってパワーを送り込んできていた。山の形ではない。太古の昔に岩が降って来て、端の部分が浸食されて少し丸くなったような、台形のプリンだった。このプリンが、アイルランドという島を地表に貼り付けている鋲の頭なのではないか、そんな物体だった。

イェイツは、ここで様々な伝承譚を聞いたそうだ。この土地に伝わる言い伝えや妖精のストーリーを聞くことで、幼いイェイツの感性は磨かれていったのだとか。

イェイツは、「アングロ・アイリッシュ」だった。イングランドに家系的なルーツを持ちながら、職業としてアイルランドに住むことになった一家。アイルランドでは「イングランドから来たよそ者」として、イングランドでは「アイルランド人」として、学校でいじめられたと聞く。

根無し草のような出自のイェイツの、母方の祖父母の家があったのがここスライゴだった。この美しい自然や風景、優しい家族に助けられ、詩人は少年時代にさまざまな物語に出会った。

そびえるプリンの岩山も、つつましく流れる小川も、穂を揺らしながら広がるススキの野原も、「ここが人と人ならざる者との棲み分けの境界なのだ」と言われればそうかと思う風情をまとっている。

踏み込もうとすると一瞬躊躇させる。とはいえ、拒絶していないよ、とささやくような風が吹いている。

イェイツ記念館は休館していた。軒先で、「またおいで」と言われた気がした。

24　2001年9月11日

2001年9月11日の風景は、ついこのあいだの出来事のようにすぐにまぶたの裏に浮かんでくる。

アイルランドに来て約4カ月、3日後に北欧に向かう飛行機に乗ることにしていた。太陽がまぶしく温かい日で、朝、学校に行き、帰り道に少し遠回りをしてビーチへ向かった。キラキラと輝く大西洋、向かい風に負けないようにペダルをぐっと踏む。思ったほど進まないのはもどかしいけれど、その分大西洋が跳ね返

ゴールウェイ　ソルトヒルビーチ

す無数の光を感じられるのは幸せ。

風と遊ぶのも飽きた頃に見つけた海辺のパブでギネスを頼む。いろいろあったけど、いろいろあったから大好きになったゴールウェイ、そしてアイルランド。たくさんの国から来た陽気な人たちとの出会いはかけがえがない、この港町にはまた帰って来るだろうな。海に向かって、"I'll be back."とつぶやいてみた。

自転車をもうひとこぎして走り、ホームステイ先のドアを開ける。リビングに通りかかると、珍しくステイしている留学生が全員揃ってテレビにかじりついている。

「飛行機がニューヨークのビルに突っ込んだ」

「映画のような光景だ」

と言っている。彼らに聞いても、ニュースをしばらく見ても状況がよく分からない。しばらくしてから、ホストファミリーも帰ってきたが、会話の大半がOh, my god.と言っていて、誰も情報を整理できていなかった。

翌日、朝とりあえず新聞を買って学校へ向かう。昨日見たニュースの飛行機の中の一機に乗っていたというアイルランド人の母子の顔写真が載っている。5歳くらいの可愛い女の子だ。

授業らしい授業が行われるはずもなく、持って行った新聞を音読するように指示される。5分以上音読したところで、「他の人にも読んでもらったほうがいいんじゃない？」と尋ねる蔵田。はっとした先生が「もう音読はいいよ」と声を絞り出す。断片的な情報、理由も背景も腑に落ちる説明がされない。誰もが不安の波の中で漂流している。

1日経ってみると、どうやらこの飛行機の激突はテロと呼ばれるようになっていた。実行犯はムスリムで、同時に複数の標的を攻撃していて、映像に映っていたのは確かにワールドトレードセンタービルだ。

テレビからは「アメリカ本土が攻撃されたのはパールハーバー以来のことだ」とキャスターが強い言葉を発している。急に日本人が加害者の一味にされたように思える。いま、パールハーバーを持ち出す必要あるの？

2日後の9月13日、アイルランドは国を挙げて追悼の日となり、学校も商店もお休みとなった。

企画されていた蔵田のフェアウェルパーティーも中止。ただ、アイルランドを去る日の朝は学校は開いていて、先生や友人たちにお別れを言うことはできた。お別れが哀しいのもあり、同時多発テロの犠牲者を思う気持ちもあり、ただぶ厚い雨雲の空を見上げた。

9月15日にダブリンからストックホルムに飛んだ。あんなに飛行機に乗るのが不安なことは今までなかった。

アイルランドも、スウェーデンも、異教徒に優しい国であったはずと信じて飛行機の搭乗券を受け取った。

空港のセキュリティは今までの倍以上の時間がかかった。空港スタッフの目つきが変わったように感じた。ムスリムやアラブの身なりをしている乗客は、特に念入りにチェックをされている様子だった。

人との距離感が少し開いた気がした。でも、厳重な警戒を見て安心もした。

無機質なセキュリティスキャナーを通過した。

これから向かう国々、出会う人々。

予想もできなかったような事件が起こった後の世界は、それ以前の世界からボタンをかけちがえてできた場所のように見えた。パラレルワールドに来てしまったような。

そんな世界に足を踏み出すのは、ゆれる水面に浮かぶ板の上を進み始めるような気持ち。とはいえ、ひるんでいても仕方がない。今だからこそ見えるものもあるはずだ。今だからこそ現地に行き、人に会い、勇気をもって会話をしてみよう。そしてこのフライトは安全に違いない。

そんなことを思いながら、エコノミークラスのシートベルトをしっかりと固定した。

おわりに

岡山市役所に勤める筆者は、2023年4月に、文化振興課という部署へ異動しました。「ユネスコ創造都市ネットワーク・文学分野」への加盟を目指している岡山市の、申請担当をすることになり、岡山と文学との関わりや歴史を学び、最近の動向を調べ、文学賞の受賞作などを読むようになりました。

そうしていると、自分自身が大学時代に英語文学を学んでいたこと、そもそも小さいころから物語を読むのが好きだったことを思い出しました。社会人になってからは、「読まなければ置いて行かれる」と追われている気持ちで、ビジネス本・ノウハウ本ばかり手にとって、自分の楽しみのために物語を読むことからとんと遠ざかっていたことに気づきました。

罪悪感なく物語を読める喜び。久しぶりでした。

そして、仕事の中で担当した、日本ペンクラブ主催の「読書の秘密」シンポジウムでお会いした作家の先生方とお話ししたこと、乗代雄介さんの「小説の練習」ワークショップでの学びから、格好良い文章を書くことをゴールにしなくてよい、という気づきを得ました。単純なので、よしそれなら自分も書いて本を出してみよう、と決心するに至りました。

市の人事課に了解をもらいに行って「印税は入らないから大丈夫です」と説明したり、吉備人出版の山川さんに相談したり、人生の中で未経験だったことにチャレンジする面白さを感じました。編集とデザインをしてくださった守安さんをはじめとして、多くのサポートやアドバイスをいただいて、なんとか1冊の本ができたことをとても嬉しく思います。創作したいと思った時に、それができる環境にいるありがたさを改めて感じました。

感謝を込めて。

【参考文献】

『街道をゆく30　愛蘭土紀行Ⅰ』司馬遼太郎　朝日新聞社

『街道をゆく31　愛蘭土紀行Ⅱ』司馬遼太郎　朝日新聞社

『イェイツをめぐる女性たち』大浦幸男　山口書店

『イエーツ詩集』加島祥造訳編　思潮社

『ケルト妖精物語』W・B・イエイツ編　井村君江編訳　ちくま文庫

『ケルトの薄明』W・B・イエイツ　井村君江訳　ちくま文庫

『対訳　イェイツ詩集』高松雄一編　岩波文庫

"Folktales from the Irish Countryside" Mercier Press, Kevin Danaher

"Ireland: A Short History" Joseph Coohill

"KWAIDAN" Lafcadio Hearn

著者プロフィル

流尾正亮（ながれお・まさあき）
1980年山口県生まれ。大阪外国語大学卒業。クレジットカード会社勤務を経て、岡山市役所勤務。文化振興課主査、ユネスコ創造都市ネットワーク「文学創造都市おかやま」事業を担当。旧姓蔵田。

シャムロックをさがして

2024年10月31日　発行

著者　流尾正亮
発行　吉備人出版
〒700-0823 岡山市北区丸の内2丁目11-22
電話 086-235-3456　ファクス 086-234-3210
ウェブサイト www.kibito.co.jp
メール books@kibito.co.jp
印刷　株式会社 i プランニング KOHWA

ISBN978-4-86069-755-6　C0095